Recomendaciones de ¡Celebra Quién Eres!

"Quedé asombrado por la forma tan acertada y completa que el resultado de la evaluación me describió. El nivel de detalle y fiabilidad del reporte demostró que nuestra pequeña inversión de tiempo, esfuerzo y dinero valió la pena."
-Tom W., Inversiones en Gas y Petróleo

"El nivel de detalle y profundidad de entendimiento que obtuve con el resultado de mi Estilo de Percepción es mucho mayor – e inmediatamente útil – que el de cualquier otra evaluación que he completado. La diferencia es simplemente increíble."
-Flo B., Abogada

"Claramente, recuerdo dos momentos a lo largo de mi experiencia con este programa en que me dije "¡Wow!". El primero ocurrió el día en que repartieron nuestros resultados de la evaluación. Todos los gerentes que participaron se reunieron en una sala de conferencias. Cada uno recibimos nuestros resultados y se nos agrupó alrededor del cuarto de acuerdo con nuestro Estilo de Percepción. Me acuerdo pensar que, en mi grupo, estaban aquellas personas con quien siempre me he llevado bien. Cuando el instructor empezó a hablar sobre el grupo, las descripciones que usó fueron tan reales que no pude ignorarlas. Cuando dijo, "¡Ustedes eran esos estudiantes que se sentaban en clase pensando que sabían más que el profesor!" Este fue mi momento de decir "¡Wow!" Nunca había confiado este pensamiento con nadie más, aunque verdaderamente lo pensé durante la mayor parte de mis estudios. Era como si este tipo pudiera leer mi mente. Fue entonces cuando decidí que lo mejor que podría hacer es no descartar este programa. Ustedes se ganaron mi atención."
-Eric D., Director Administrativo

"¡Celebra Quién Eres! me proporcionó importante perspicacia sobre quien verdaderamente soy, lo cual sirvió para callar la parte de mi mente que permanentemente critica todo y empezar a poner atención. Mi momento "¡Wow!" ocurrió cuando me di cuenta de que para salir adelante necesitamos utilizar nuestras habilidades. Debemos entender nuestras debilidades, pero no nos debemos enfocar en ellas, pues esto es frustrante y contraproducente. Cuando me desempeñaba como reclutador de ejecutivos, decíamos que era imposible enseñarle a cantar a un cerdo pues frustra al maestro e irrita al cerdo".

-Jonathan C., Ventas y Relaciones Públicas

"¡Celebra Quién Eres! es más valioso que DiSC, Myers-Briggs, o Birkman porque se puede aplicar de forma inmediata y fácil."

-Jim C., Gerente de Comunicaciones

Serie El Poder de su Percepción

¡CELEBRA QUIEN ERES!

Reclame sus fortalezas, Transforme su vida

Visión
Estilo de Percepción

Lynda-Ross Vega
Gary M. Jordan, PhD

Traducción de Ricardo Alberto Vega García y Maria Elena Triviño Vega
Diseño de la portada del libro por Alejandro Martin – Bloom Design Agency

ISBN: 978-1-958087-21-3

Impreso en los Estados Unidos de América

Solicitud de permiso para hacer copias de cualquier parte de este libro se puede hacer a:
Vega Behavioral Consulting Ltd.
1540 Keller Parkway, Suite 108-324
Keller, TX 76248
(817) 379-9952

https://thepowerofyourperception.com/portada

¿Cree que su Estilo de Percepción™ es VISIÓN?*

¡Entonces esta guía de acción fue creada especialmente para usted!

Prepárese para…

- Identificar las habilidades, dones y destrezas que son únicamente suyas.

- Aprender cómo potenciar sus fortalezas y aprovechar su potencial al máximo.

- Profundizar su autoconocimiento.

- Descubrir por qué interactúa fácilmente con algunas personas mientras que con otras siente que le desafían (y qué puede hacer al respecto).

Encontrará esta información en la guía *¡Celebra Quién Eres! – Estilo de Percepción llamado Visión!*

Este guía de acción va más allá de ayudarle a comprender su visión integral del mundo y su papel én él; está repleta de consejos prácticos y ejercicios sobre su Estilo de Percepción para ayudarle a convertir la información en algo REAL para usted.

> *Esta guía de acción es una versión impresa de los resultados en línea que recibirá al realizar la Evaluación del Estilo de Percepción™.*
>
> *Proporciona una revisión detallada de las principales fortalezas específicas al Estilo de Percepción llamado Visión, según lo define la* **Teoría del Estilo de Percepción™.**.

**Si aún no ha completado la Evaluación del Estilo de Percepción,
por favor hágalo antes de comprar este libro.*

Visite https://thepowerofyourperception.com/portada

Obtenga más información acerca de la teoría sobre los
Estilos de Percepción™ en nuestro libro.

Disponible en Amazon.

Dedicado a
homenajear como usted es

y a nuestras familias y amistades
que celebran con nosotros

Tabla de Contenido

¡Bienvenido!

La vida es demasiado corta para no disfrutarla plenamente.

Probablemente existan personas haciendo fila para decirle lo que debe hacer mejor y que si solo se esforzara más, pudiera mejorar y encontrar el éxito y la felicidad. Aunque es cierto que hacer su mejor esfuerzo y esforzarse por mejorar son metas admirables, el truco es asegurarse que se está enfocado en sus habilidades y talentos naturales ... no en los de otra persona.

Entonces, ¿cómo sabe cuáles son sus habilidades y talentos naturales?

La respuesta a esta pregunta es la base de nuestro trabajo y el catalizador de más de 40 años de investigación y desarrollo de programas para personas como usted. **El objetivo principal de esta guía de acción y de todos nuestros programas, es ayudarlo a identificar y usar sus habilidades y talentos naturales.**

El primer paso es entender cómo encaja en el mundo, cómo percibe el mundo que lo rodea y cómo esa percepción influye en sus acciones. El propósito de *¡Celebra Quién Eres!* es ayudarlo a explorar y reclamar los aspectos únicos de su percepción. A medida que lo haga, sus habilidades y potencial innato se expandirá. Sus habilidades innatas y su potencial se expandirán y fortalecerán a medida que reclame el Poder de su Percepción™.

Esta guía de acción está organizada en secciones que proporcionan información sobre aspectos específicos de la forma en que usted ve el mundo, seguidas de preguntas diseñadas para ayudarle a aplicar estos conocimientos. Una vez que comience a leer, es posible que desee apresurarse hasta el final: hay mucha información excelente. Le recomendamos que **se tome el tiempo para reflexionar sobre cada sección** y considerar las preguntas presentadas: su experiencia será más personal y significativa.

Estamos muy contentos de que haya elegido emprender este viaje con nosotros. Aprenderá cosas nuevas sobre usted mismo, validará cosas que innatamente sabe que son verdaderas y se sentirá verdaderamente contento al confirmar quién es y cuál es realmente su potencial.

¡Saludamos su éxito!

Lynda-Ross y Gary

Introducción

Su viaje para reclamar sus habilidades y darse cuenta plenamente del poder que su percepción aporta a sus habilidades y talentos naturales comienza con ¡Celebra Quién Eres! – un proceso de descubrimiento enfocado en ayudarle a comprender su visión integral del mundo y su parte en él:

- entender aquello que verdaderamente hace bien,

- ser reconocido y apreciado por lo que es, y

- sentirse confiado con su expresión personal de sus habilidades naturales.

La clave para entenderse a sí mismo es entender su Estilo de Percepción™ (Perceptual Style™).

El Estilo de Percepción, es la forma en que toma la información a través de sus cinco sentidos y la hace significativa para usted.

Su Estilo de Percepción actúa como un filtro entre la sensación y la comprensión. Está en el centro de quién usted es, e impacta sus valores, creencias, sentimientos y psicología.

Usted posee uno de los seis distintivos Estilos de Percepción. Las decisiones que toma, las acciones que toma y las direcciones que elige están influenciadas por su Estilo de Percepción, porque este define la realidad para usted.

Su Estilo de Percepción es

VISIÓN

Antes de revisar los detalles de su Estilo de Percepción

La evaluación de Estilo de Percepción que completó mide cuál de los seis Estilos de Percepción, describe la forma en que ve el mundo.

En las siguientes secciones de esta guía de acción, descubrirá la profundidad y riqueza de su Estilo de Percepción.

Encontrará una descripción general sobre la experiencia perceptiva de personas con quien comparte su estilo, al igual que detalles sobre las fortalezas y comportamientos específicos en diez habilidades críticas de la vida.

Recuerde que su Estilo de Percepción, no es solo un pasatiempo entretenido basado en conceptos psicológicos, sino una parte fundamental de quién usted es.

Las decisiones y acciones que toma, al igual que las direcciones que elige, están influenciadas por su Estilo de Percepción. Su Estilo de Percepción define su realidad.

Su Estilo de Percepción es la base de todas sus fortalezas naturales, las habilidades con las que tiene el potencial de sobresalir verdaderamente con gracia y facilidad, debido a la forma en que ve y experimenta el mundo que lo rodea.

A medida que lea sobre cómo su Estilo de Percepción da forma a su enfoque en diversos aspectos de su vida, identificará las cosas que hace tan fácilmente que asume que todos tendrán la misma facilidad, pero ese no es el caso. ¡Son fortalezas características de su Estilo de Percepción!

También identificará habilidades que le parezcan nuevas. Estas son habilidades para las cuales tiene una capacidad innata debido a su Estilo de Percepción. Sin embargo, es posible que aún no haya tenido una razón para usarlas.

Encontrará que gran parte de la descripción del Estilo de Percepción, se adapta a usted cómodamente y validará su experiencia perceptiva.

Es importante tener en cuenta que es posible que no se relacione con todos los aspectos de su Estilo de Percepción, pero sabrá que es el suyo cuando el 80% o más de los detalles encajen.

A medida que lea esta guía de acción, esperamos que gane orgullo y confianza en las habilidades que puede reclamar fácilmente como suyas e identifique otras que le brinden nuevas posibilidades.

¡Comencemos!

Visión - Experiencia Perceptiva

Cada uno de los seis Estilos de Percepción entiende y experimenta el mundo de maneras fundamentalmente diferentes. Para entenderse a sí mismo, usted debe entender la naturaleza de su experiencia.

Con el Estilo de Percepción llamado Visión, usted percibe el mundo como un lugar de infinitas posibilidades, lleno de opciones y oportunidades, que construyen su visión del futuro.

Usted ve la vida como un constante desafío al que debe reaccionar de forma rápida e instintiva.

Lo más importante para usted es la oportunidad de tener un impacto, marcar la diferencia y dejar su huella.

En un mundo de posibilidades, se siente emocionado por convertirlas en realidades.

Se enfrenta a la realidad de una situación seriamente y con una perspectiva optimista que se encontrará una solución y con la confianza que, si no se encuentra, siempre hay otras alternativas que explorar.

Usted cree que los errores son una parte inevitable de la vida de los que se aprende, pero que no deben consumirnos.

La vida es una aventura emocionante, caótica y rápida que requiere improvisación y toma de decisiones rápidas y ad hoc.

Intuitivamente ve nuevas direcciones que otros no ven y aprovecha al máximo esta ventaja para moverse con determinación.

No tiene miedo de tomar riesgos y acepta que la posibilidad de grandes recompensas conlleva la posibilidad de fracaso.

Ve los fracasos no como un final, sino como una forma de aprender y descubrir nuevas oportunidades.

Le encanta explorar y desarrollar nuevas ideas, y examina todos los aspectos, posibles resultados y consecuencias sin prejuicios ni juicios previos.

Cambia fácilmente de dirección cuando el progreso hacia la realización de su visión es lento o bloqueado. A medida que avanza, constantemente experimenta e improvisa con sus acciones para aumentar la probabilidad de éxito.

Aunque está firmemente comprometido en lograr su visión, es extremadamente flexible en cuanto al camino a tomar para lograrlo.

No acepta los límites y las restricciones impuestas por hechos impersonales y objetivos porque, en su mundo, todo es posible.

Se mueve en nuevas direcciones no a través de elecciones lógicas, sino al ver los caminos disponibles y seguir el más expedito en ese momento.

Piensa de manera no lineal sobre los problemas, utiliza su intuición y prueba múltiples posibles soluciones mientras resuelve problemas.

Cuando se centra en una situación, trabaja en ella excluyendo todo lo demás, a menudo hasta que se siente exhausto.

Recopila información rápidamente, profundizando en los detalles cuando descubre algo que le intriga o considera importante.

Trabaja bien con información incompleta y parcial, y no necesita todos los detalles para fijar un rumbo y tomar acción.

Es una persona altamente persuasiva y fácilmente convence e inspira a otros a unírsele. Su entusiasmo y compromiso son contagiosos.

Habla con confianza e influencia, y su entusiasmo y pasión atraen a otros hacia su visión.

Utiliza comunicaciones improvisadas, ad hoc, en lugar de material planeado, ensayado o preestablecido para convencer y persuadir a su audiencia.

Los demás le perciben como carismático, optimista y seguro de sí mismo.

Su Estilo de Percepción llamado Visión es la razón por la cual usted:

- encuentra casi imposible la observación desvinculada.

- declara que el trabajo está hecho y pasa a otra cosa cuando se aburre.

- se enfoca rápidamente en temas centrales e ignora preocupaciones periféricas y tratamientos detallados de asuntos complejos.

- improvisa y responde espontáneamente al percibir nuevas oportunidades.

- disfruta generando y desarrollando ideas.

- suspende el juicio y evita preconcepciones.

- se adentra en situaciones completamente nuevas por iniciativa propia.

- considera los fracasos y errores sinceros como experiencias de aprendizaje.

- tiene una capacidad aguda para identificar problemas antes de que se hagan evidentes.

- se guía por corazonadas e intuición para dirigir sus acciones.

- no acepta el statu quo automáticamente.

- maneja situaciones de emergencia, crisis o sorpresa de manera efectiva.

- encuentra el humor en situaciones difíciles.

- maneja un número significativo de responsabilidades simultáneamente y de manera eficiente.

- rápidamente explora y abandona alternativas.

- ve múltiples soluciones a los problemas.

- ve conexiones entre factores aparentemente no relacionados.

- influye en los pensamientos e ideas de los demás.

Reflexión sobre la Experiencia Perceptiva

No es inusual reaccionar a la introducción inicial de su Estilo de Percepción con sentimientos de orgullo ("sí, lo hago bien"), un sentido de validación ("ahora que lo mencionas, ¡lo hago!") y algunas sorpresas ("¿en serio?").

A continuación, presentamos algunos ejemplos que lo ayudarán a reconocer cómo se refleja su Estilo de Percepción llamado Visión en las cosas que hace.

- ¿Con qué frecuencia utiliza las palabras 'siempre' o 'nunca' al describir sus propias acciones? ¿Cuáles de los atributos mencionados en la sección titulada *Experiencia Perceptiva* contribuyen a su rara utilización de estas palabras?

- ¿Cuándo fue la última vez que cambió de opinión basándose en una corazonada?

- ¿Cuáles de las habilidades mencionadas en la sección titulada *Experiencia Perceptiva* utiliza para influir en los demás?

Adaptabilidad:
su respuesta a los cambios

El cambio es constante; es parte de su vida cotidiana. Hay cambios en el clima, la economía, las relaciones, las situaciones laborales, etc. El solo vivir cada día y envejecer trae cambios.

Algunos cambios son sorpresas, algunos cambios usted inicia, y algunos cambios simplemente parecen inevitables.

Es por eso que la adaptabilidad es una habilidad crítica para la vida.

La adaptabilidad se define, como la capacidad de adaptarse a nuevas condiciones o circunstancias. El aprovechar sus fortalezas relacionadas con su adaptabilidad, puede significar la diferencia entre la preocupación excesiva y el estrés frente a lidiar con los cambios en sus términos.

No existe una sola forma de ser adaptable. La verdadera clave de la adaptabilidad es saber qué es cómodo para uno mismo y cómo establecer ese nivel de confort con los cambios en su vida.

Las habilidades naturales que apoyan su adaptabilidad, son esenciales para ayudarlo a comprender sus reacciones y niveles de tolerancia para cosas como:

- planificación

- toma de decisiones

- entornos caóticos

- estructura

- ambigüedad

- espontaneidad

- resolución de problemas

El adoptar sus habilidades de adaptabilidad, lo ayudará a elegir entornos de trabajo, relaciones y situaciones sociales donde prosperará y evitará aquellos que lo arrastrarán hacia abajo.

Con el Estilo de Percepción llamado Visión, usted ve el cambio como algo inevitable y deseable.

Cree que nuevas oportunidades y ventajas solo surgen cuando las cosas cambian.

Se siente incómodo en situaciones estables e inmutables porque teme la estancación.

Cree que resistir el cambio es inútil y una pérdida de tiempo que podría ser mejor empleada en dar forma al cambio a su favor.

Se desempeña como un iniciador del cambio constructivo para descubrir nuevas posibilidades y aprovechar lo inesperado.

Avanza hacia una visión ampliamente definida del futuro y a menudo minimiza el impacto y la interrupción del cambio en las personas a su alrededor.

Su Estilo de Percepción llamado Visión es la razón por la cual usted:

- reconoce la obsolescencia antes de que información convincente esté disponible.

- reacciona de forma rápida y estratégica a situaciones y oportunidades cambiantes.

- se adueña y patrocina el cambio.

Adaptabilidad:

- maneja bien lo inesperado.

- se enfrenta de manera efectiva a las sorpresas al convertirlas en oportunidades.

- cambia rápidamente las acciones cuando no estén funcionando.

- crea y modifica una visión basada en información en constante cambio.

Reflexión sobre la Adaptabilidad

A continuación, presentamos algunos ejemplos que lo ayudarán a reconocer cómo se refleja su Estilo de Percepción llamado Visión en sus habilidades de adaptabilidad:

- Describa una situación reciente en la que ha iniciado un cambio.

- ¿Cómo convenció a otros de la razón del cambio?

- ¿A veces se sorprende por la resistencia de los demás al cambio? ¿Qué atributos la sección titulada *Adaptabilidad* contribuyen a su facilidad para aceptar el cambio?

Colaboración:
trabajo en equipo y cooperación

Interactuar en cooperación con otros, es una parte fundamental de la vida, y es un ingrediente crítico para las familias, amistades, actividades escolares y los entornos laborales y sociales. Prácticamente todos los aspectos de su vida son una oportunidad para la colaboración.

Muchos estudios en psicología y sociología demuestran la realidad que los seres humanos se marchitan en aislamiento y prosperan en comunidad. El dicho: "Ningún hombre es una isla", es cierto. Solos flaqueamos; juntos, podemos ver y lograr mucho más.

Como seres humanos, estamos programados para buscar comunidad, conectarnos con otros seres humanos y pertenecer. Sentirse conectado con los demás mejora nuestra salud física y bienestar mental y emocional.

La colaboración es el núcleo de la participación en la comunidad, ya sea que esa comunidad sea su familia, lugar de trabajo, amistades u otros grupos de personas.

Sin embargo, la colaboración puede ser muy desafiante porque debemos tratar con personas que ven las cosas de manera diferente a nosotros y que poseen diferentes habilidades y debilidades.

Con el Estilo de Percepción llamado Visión, usted es un colaborador dinámico que energiza y cataliza a las personas para que tomen acción.

Comunica un sentido de urgencia y ejemplifica una vitalidad que hace que las cosas sucedan.

Busca tener un impacto positivo en cualquier colaboración.

Toma riesgos para mover a un grupo en direcciones nuevas e inesperadas.

Reconoce rápidamente las habilidades y el potencial en los demás y es hábil para encontrar actividades que aprovechen su talento.

Su interés en los demás es genuino, al igual que la energía que invierte en conocer y ayudar a desarrollar a quienes le rodean.

Sin embargo, no construye ni mantiene la colaboración únicamente por el hecho de trabajar con otros; en cambio, ve la colaboración como un recurso para ser utilizado estratégicamente para lograr su agenda.

Usted coordina alianzas políticas en un flujo constante que responde a su enfoque y demandas estratégicas.

Su optimismo enérgico y su perspectiva humorística sobre asuntos serios hacen que la colaboración sea divertida y agradable para los demás.

Se aburre fácilmente con procesos lentos, detallados o impersonales.

Utiliza sus habilidades interpersonales para alinear a los miembros del equipo de manera que fomente la emoción y cree urgencia.

Valora la expresión de las diferencias individuales y elogia y reconoce las contribuciones y el desarrollo de los miembros del equipo.

Su Estilo de Percepción llamado Visión es la razón por la cual usted:

- trata a los demás como iguales sin importar su nivel de educación, autoridad o posición.

- involucra a las personas, estimula el interés y crea entusiasmo.

- se impacienta con un ritmo lento o la estructura a seguir de otras personas.

- influye en las ideas y percepciones de los demás.

Colaboración:

- evalúa la utilidad de las habilidades existentes e identifica intuitivamente las habilidades necesarias.

- invita a la revelación y la participación.

- identifica y libera el potencial.

- pinta una imagen convincente de lo que es posible.

- crea una actitud productiva en los equipos con su optimismo irreprimible.

- Utiliza el elogio y las recompensas para motivar a los equipos.

- fomenta la disposición para investigar nuevas ideas.

- amplía las ideas, planes y diseños de un equipo.

Reflexión sobre la Colaboración

A continuación, presentamos algunos ejemplos que lo ayudarán a reconocer cómo se refleja su Estilo de Percepción llamado Visión en sus habilidades de colaboración:

- Enumere los atributos descritos en la sección titulada *Colaboración* que reconoce en su propio comportamiento cuando forma parte de una comunidad o equipo.

- ¿Cuáles son las habilidades más fuertes que aporta a la colaboración y el trabajo en equipo?

- Describa una situación que demuestre su uso de estas habilidades.

Comunicación:
hablar, escribir y escuchar

L a comunicación es la acción fundamental que une o separa a las personas.

Todos queremos que nos entiendan. Por lo tanto, buscamos las palabras y el tono correctos para transmitir nuestro mensaje. A menudo no reconocemos que cada uno de nosotros tenemos nuestro propio filtro de comunicación y, debido a ese filtro, lo que queremos decir no siempre es lo que otros escuchan y viceversa.

Las desconexiones en la comunicación nos suceden a todos. No es una indicación que nosotros o las otras personas estemos cortos de inteligencia. Tampoco quiere decir que usted no este poniendo atención o tratando de establecer una conexión. La realidad es que las palabras que elige, el significado que pretende y los desencadenantes de eventos que escucha están influenciados por su Estilo de Percepción.

Las palabras son un código que ponemos en nuestros pensamientos e ideas con el fin de comunicar nuestra intención y significado a los demás. El código que usa a diario para hablar, escribir y escuchar depende en gran medida de cómo percibe el mundo.

En el centro de su comunicación está su **Estilo de Percepción** llamado **Visión**.

"La forma como usted ve el mundo y le da sentido tiene mucho que ver con cómo se expresa y cómo escucha.

Es un comunicador dramático y persuasivo.

Pinta cuadros con palabras tan hábilmente que otros experimentan la intensidad de las imágenes.

Su estilo de entrega a menudo puede motivar a otros porque identifica el potencial, proporciona entusiasmo y se comunica de manera conmovedora y vívida.

Sin embargo, a veces puede adoptar un tono de predicación con el uso liberal de clichés y lemas que inspiran sin mucho contenido.

Le encanta el diálogo animado y desafiante con otros como una forma de explorar ideas, descubrir oportunidades y planificar estrategias.

Utiliza su convincente visión del futuro para motivar y reclutar a otros hacia su punto de vista.

Es un oyente alentador que a menudo interrumpe a otros para enfocarse en el resultado final o destacar las recompensas y beneficios de lo que está escuchando.

Se desvinculará ante monólogos largos y detallados, ya que le quitan la energía a la conversación.

Influye en el estado de ánimo de las personas, modifica sus creencias y las persuade para que piensen de nuevas maneras.

Es un orador audaz que comunica ideas y conceptos amplios de manera simple.

Es un excelente orador improvisado que hablará sobre cualquier tema y disfrutará de cualquier oportunidad para expresar sus ideas.

Es sensible a su audiencia y se apoya en su proceso de comunicación: el humor, el drama y la pasión, para influir, persuadir y atraer a quienes creen en su mensaje.

Es un oyente preciso que puede descifrar el significado oculto detrás del contenido de los demás.

Como escritor, se enfoca en el resultado final y utiliza información visual, lenguaje sencillo y viñetas para enfatizar su mensaje.

Comunicación:

Su Estilo de Percepción llamado Visión es la razón por la cual usted:

- persuade a otros utilizando conceptos e ideas.

- escribe en un estilo entusiasta, persuasivo y convincente.

- escucha lo suficiente como para tener una idea de lo que alguien está diciendo y luego responde de manera decisiva.

- utiliza el humor y la sátira para mejorar la comunicación.

- está completamente involucrado o totalmente desvinculado.

- usa clichés y retórica en sus discursos y escritura.

- le gusta usar lemas, motos y frases inspiradoras.

- tiene poca tolerancia para comunicaciones largas y detalladas.

- persuade sin contenido.

- tiene dificultades para escuchar sin interactuar o pasar a la acción.

Reflexión sobre la Comunicación

A continuación, presentamos algunos ejemplos que lo ayudarán a reconocer cómo se refleja su Estilo de Percepción *llamado* Visión *en sus habilidades de comunicación:*

- Enumere algunos clichés, lemas, eslóganes o frases inspiradoras que usted utiliza. ¿En qué situaciones los utiliza?

- Proporcione un ejemplo de la última vez que usted *"interpretó lo que no se dijo explícitamente"*.

- Describa una situación reciente en la que utilizó el humor para influir en los demás.

- ¿Con qué frecuencia se encuentra pensando *'ve al grano'* cuando está leyendo un artículo o escuchando a alguien? ¿Qué atributos enumerados en la sección titulada *Comunicación* contribuyen a su reacción?

Conflicto:
como lidiar con la oposición
y el desacuerdo

Uno pensaría que los seres humanos, dada su necesidad de establecer comunidad, hubieran encontrado una solución al conflicto interpersonal hace muchos años.

Hubiera sido maravilloso, pero desafortunadamente el conflicto interpersonal es un resultado natural de la interacción humana. Las personas ven el mundo de manera diferente, tienen distintos valores y expectativas, y no siempre comparten los mismos objetivos o posibilidades.

Como seres humanos, todos deseamos pertenecer a algo, que se nos valore y que le agrademos a los otros. Si partimos de la suposición, que otras personas tienen buenas intenciones y no están tratando de irritarnos o insultarnos, es más fácil darnos cuenta de que simplemente ellos no ven la situación de la misma manera que nosotros (lo más probable es que tengan un Estilo de Percepción diferente).

Al tener en cuenta este concepto, se suaviza el dolor de las desconexiones. No es personal; es una perspectiva diferente.

El tener conflicto en su vida es inevitable. Ya sea que los conflictos sean menores o graves, usted posee habilidades naturales para ayudarlo a lidiar eficazmente con la oposición y el desacuerdo.

Con el **Estilo de Percepción** llamado **Visión**, usted acepta el conflicto como una parte natural y esperada de la vida.

Sabe que el conflicto no resuelto puede agotar la energía y el compromiso, pero si se utiliza adecuadamente, el conflicto puede ser otra herramienta para ayudarlo a lograr su visión.

Usted no evita el conflicto, sino que lo aborda estratégicamente para sacar los problemas 'sobre la mesa' y utiliza el proceso de resolución como otro medio para influir en el resultado.

Se esfuerza por resolver, disolver o descartar el conflicto.

Lleva a las partes en conflicto a un acuerdo pintando un cuadro convincente de los beneficios que cada una obtendrá de la resolución que propone.

Presta igual atención a todos los lados de un conflicto porque es consciente del daño potencial a largo plazo que el conflicto puede causar.

Utiliza su capacidad para persuadir, influir y manipular estratégicamente con el fin de mantener a las partes en conflicto alineadas con su visión del futuro.

Puede ser confrontativo y desafiará a otros a *'dar un paso adelante'* para determinar quién es serio y quién no lo es.

Su Estilo de Percepción llamado Visión es la razón por la cual usted:

- utiliza desacuerdos para llegar a soluciones.

- acepta y aprovecha el conflicto.

- identifica y enfrenta las agendas ocultas de otros.

- supera la resistencia adversarial a través de un atractivo personal.

- persuade a otros para que se alíen basándose en un interés mutuo.

- detecta áreas donde se puedan alcanzar acuerdos rápidamente.

- disuelve barreras artificiales entre otros.

Reflexión sobre el Conflicto

A continuación, presentamos algunos ejemplos que lo ayudarán a reconocer cómo se refleja su Estilo de Percepción llamado Visión en la forma en que se enfrenta al conflicto:

- Describa un conflicto entre otras personas que se le pidió ayudara a resolver. ¿Qué habilidades enumeradas en la sección titulada *Conflicto* usó?

- ¿Cuándo fue la última vez que abordó un conflicto con alguien directamente? ¿Cómo de lo resolvió?

Liderazgo:
inspirar y guiar a otros

Básicamente, el Liderazgo se define como inspirar y guiar a un grupo de personas para lograr un objetivo común. En esencia, el liderazgo combina el arte y la ciencia para atraer seguidores, señalar una dirección y luego guiar e influir en sus seguidores para lograr los objetivos.

Muchos tratarán de convencerlo que existe una sola forma para ser un líder efectivo. O que, si usted no es una persona naturalmente extrovertida, autoritaria o visionaria, no podrá ser un líder efectivo. Simplemente esto no es cierto. El verdadero éxito de un líder ocurre de adentro hacia afuera - usando sus habilidades naturales para guiar e inspirar a otros a lograr grandes éxitos.

Todo el mundo tiene la capacidad de ser un líder eficaz, incluso excepcional. No existe un solo conjunto de rasgos o comportamientos que garanticen el éxito. Existe SU manera de ser un líder, basada en sus habilidades naturales.

Con el **Estilo de Percepción** llamado **Visión**, usted personifica lo que muchas personas consideran como liderazgo.

Es un tomador de riesgos dinámico, enérgico, que inspira, alienta y motiva a los seguidores con su compromiso intenso y optimista a una visión a largo plazo.

Ve oportunidades y actúa de manera decisiva y rápida para aprovecharlas.

Su confianza en su propia visión lo libera para tomar acciones audaces y atrevidas que con frecuencia garantizan el éxito de un emprendimiento que de otro modo podría quedarse corto.

Liderazgo:

Considera el fracaso de una dirección, actividad o idea como un contratiempo temporal.

Constantemente elabora estrategias y promueve múltiples actividades, espera a ver cuál de las innumerables rutas posibles que conducen a su visión se abre y luego actúa.

No se siente limitado por la estructura o jerarquía formal, e interactúa con quien su intuición le dice que será valioso para lo que está tratando de hacer.

Su capacidad para pintar un vívido cuadro de cómo serán las cosas atrae seguidores.

Descubre nuevas oportunidades inexploradas y toma medidas para definir y aprovechar esas oportunidades.

Usted involucra a otros para discutir problemas y progreso con el fin de descubrir alternativas para los próximos pasos.

Presenta una imagen sólida, esperanzadora y positiva a la cual las personas pueden responder con confianza y certeza.

Sus seguidores buscan su dirección, y usted es un excelente asesor que puede proporcionarles estrategias inesperadas pero viables.

Su **Estilo de Percepción** llamado **Visión** es la razón por la cual usted:

- desea tener un impacto en las personas y los eventos.

- rara vez tiene dudas.

- inicia relaciones con personas poderosas e influyentes.

- toma riesgos interpersonales.

- trata las relaciones como herramientas, no como fines en sí mismas.

- utiliza contactos informales para recopilar información esencial para la estrategia.

- posee una percepción aguda de lo que podría ser.

- atrae seguidores con el poder de sus ideas y conceptos.

- se dirigen personalmente a discutir con sus seguidores los asuntos importantes.

- lidera inspirando confianza en su visión del futuro.

- busca seguidores de "pensamiento correcto" en lugar de perder tiempo tratando de persuadir a los escépticos.

- involucra a las personas, estimulan el interés y crean entusiasmo.

- se posiciona para obtener la máxima influencia en el futuro.

- crean oportunidades para hacer lo inesperado.

Reflexión sobre el Liderazgo

A continuación, presentamos algunos ejemplos que lo ayudarán a reconocer cómo se refleja su Estilo de Percepción llamado Visión en la forma como enfoca el Liderazgo:

- Enumere los atributos descritos en la sección titulada *Liderazgo* que reconoce en su propio comportamiento.

- ¿Cuáles son sus habilidades más fuertes de liderazgo?

- Describa una situación que demuestre su uso de estas habilidades.

Aprendizaje: adquisición de nuevos conocimientos y habilidades

El aprendizaje, cuando somos adultos es una experiencia completamente diferente a cuando somos niños. Específicamente el hecho que como adultos el proceso es mucho más autodirigido.

Como niño, uno aprende porque nuestros padres y maestros nos ordenan a hacerlo, y ellos califican y monitorean nuestro progreso.

Como adulto, es más probable que se dedique a estudiar por una razón particular, como el conocimiento y las habilidades relacionadas con su trabajo o autodesarrollo personal. Y es más probable que elija temas que tengan un impacto inmediato en su vida cotidiana o laboral.

Un aspecto del aprendizaje que no cambia con el tiempo es su preferencia por la forma cómo se le presente la información. Hay tres métodos generales de aprendizaje:

- Visual (imágenes, gráficos, palabra escrita),

- Auditivo (historias, canciones, discusiones), y

- Kinestésico (experiencial, actividades, juegos de rol).

Debido a su Estilo de Percepción, usted responde a los tres métodos de aprendizaje, pero prefiere una combinación única de estos para maximizar su conocimiento y crecimiento.

Aprendizaje:

Con el Estilo de Percepción llamado Visión, aprende mejor al estar participando activamente.

Comprende nuevos conceptos e ideas a través de repentinos destellos de visión surgidos de fragmentos de información y experiencia personal.

Su conocimiento y opiniones están basados en sus experiencias directas de la realidad.

Obtiene percepción al observar cómo sus acciones afectan a los eventos y a las personas a su alrededor.

Encuentra frustrante el exceso de detalles y tiende a preferir un enfoque experimental.

Transita rápidamente entre la comprensión intuitiva y las generalizaciones amplias.

Disfruta de las sorpresas y de descubrir lo inesperado en situaciones de aprendizaje.

No le gusta aprender en situaciones que impiden la participación o que se basan en una presentación conceptual, paso a paso o en la memorización sin contexto.

Su Estilo de Percepción llamado Visión es la razón por la cual usted:

- aprende de una experiencia intuitiva de la realidad.

- comprende el panorama general a partir de información fragmentada.

- emplea un enfoque activo de exploración que busca una comprensión rápida.

- disfruta de eventos de aprendizaje experiencial.

- recopila información rápidamente en conversaciones cortas y fragmentadas.

Reflexión sobre el Aprendizaje

A continuación, presentamos algunos ejemplos que lo ayudarán a reconocer cómo se refleja su Estilo de Percepción llamado Visión en la forma como enfoca el aprendizaje:

- Identifique algo que recientemente se propuso a aprender ¿Cómo implementó el proceso de aprendizaje?

- Describa la experiencia de aprendizaje formal más agradable que haya tenido.

- ¿Cómo se comparan estas dos experiencias de aprendizaje que acaba de describir? ¿Qué habilidades enumeradas en la sección titulada *Aprendizaje* usó en cada una?

Persuasión:
convencer a los demás

La persuasión es el acto de convencer a otros que estén de acuerdo con su punto de vista, adopten una perspectiva particular o tomen un curso de acción que usted sugiera. Es el proceso de presentar información y razones que motivan o cambian el pensamiento de otra persona.

La retórica - el arte de la persuasión -, ha sido estudiada y discutida durante miles de años por personas como Platón y Aristóteles, entre muchos otros. A Aristóteles se le atribuye generalmente la creación de los pilares fundamentales de la retórica en su tratado Retórica, publicado alrededor del año 330 AEC.

Con toda esa historia, es inevitable que ambas palabras, "retórica" y "persuasión", tengan connotaciones positivas y negativas. Al igual que la palabra "ventas", pensamos en la persuasión como positiva cuando las intenciones y los resultados son positivos para ambas partes y negativos cuando las intenciones son manipuladoras y los resultados no son del mejor interés de la otra persona.

En esta sección, nuestro enfoque será específicamente relacionado en las habilidades positivas y esenciales relacionadas con la persuasión. Estas habilidades le ayudan a interactuar de manera efectiva con otros en casa y en el trabajo. ¡Imagínese cómo sería planificar unas vacaciones familiares si no tuviera habilidades de persuasión!

Con el **Estilo de Percepción** llamado **Visión**, utiliza la convicción de sus creencias y su capacidad para relacionarse a un nivel personal y así convencer a otros.

Usted ajusta intuitivamente su enfoque y comportamiento en respuesta a las reacciones que observa.

Influye con fluidez asumiendo en lugar de solicitar acuerdo.

Busca inspirar e influenciar a otros para que tomen acción aprovechando su coraje, espíritu de aventura e improvisación exitosa.

Supera objeciones ofreciendo alternativas que le vengan a la mente hasta lograr el acuerdo.

No acepta los límites y restricciones impuestos por hechos impersonales y objetivos porque, en su mundo, todo es posible.

Se posiciona estratégicamente para aprovechar posibles oportunidades futuras de persuasión.

Utiliza ideas, conceptos y lenguaje gráfico y metafórico para inspirar a otros.

Su **Estilo de Percepción** llamado **Visión** es la razón por la cual usted:

- entiende lo que otros realmente están diciendo entre las palabras que se utilizan.

- traduce conceptos a lenguaje cotidiano para persuadir.

- utiliza sus habilidades interpersonales para influenciar.

- toma la iniciativa o da el primer paso en el desarrollo de oportunidades para persuadir.

- detecta áreas donde los acuerdos puedan alcanzarse rápidamente.

- percibe por el tono de voz o el ambiente cuándo es el momento adecuado para cerrar.

Reflexión sobre la Persuasión

A continuación, presentamos algunos ejemplos que lo ayudarán a reconocer cómo se refleja su Estilo de Percepción llamado Visión en la forma como enfoca la persuasión:

- Describe una interacción reciente en la que convenciste a alguien de adoptar tu punto de vista o de tomar la acción que sugeriste. ¿Qué habilidades enumeradas en la sección titulada *Persuasión* usó?

- ¿Cuáles son algunos ejemplos en los que has utilizado la convicción de tus creencias para persuadir a otros?

Automotivación: crear un incentivo personal para la acción

En su forma más simple, la automotivación es la capacidad de convencerse a hacer algo. Desarrollar entusiasmo personal e inspiración para tomar acción.

La automotivación es el catalizador de las metas que establece para sí mismo. Ella desarrolla su deseo de lograr sus metas, establece su compromiso con la acción y le ayuda a superar su miedo a lo desconocido o al fracaso.

La automotivación es una habilidad crítica porque le mantiene poniendo un pie delante del otro cada día de su vida.

Hay cosas que usted quiere hacer dependiendo del nivel de satisfacción que espera recibir cuando las haga. Divertirse es un gran ejemplo.

Y hay cosas que debe hacer para lograr algo tangible como el dinero u otras cosas, o intangible como el control o el estatus. Ir a trabajar es un buen ejemplo.

La automotivación es lo que le impulsa a la acción tanto por lo que quiere hacer como por lo que necesita hacer.

Con el **Estilo de Percepción** llamado **Visión**, se siente motivado por la oportunidad de influir en la dirección de los eventos y en la vida de las personas a su alrededor.

Toma medidas para avanzar hacia su visión futura.

Automotivación:

Desea experimentarse a sí mismo como un catalizador y solucionador de problemas dentro de su mundo.

Piensa de manera no convencional, genera y desarrolla ideas, y experimenta de manera voluntaria y creativa.

Disfruta explorando nuevos conceptos e ideas y buscando oportunidades para aplicarlos.

Le desmotivan las personas que percibe como pesimistas y vacilantes, o que se preocupan por lo que pueda salir mal en lugar de lo que saldrá bien.

Se desconecta en entornos burocráticos, lentos y que no cambian, o alrededor de personas excesivamente cautelosas y atadas a reglas.

La oportunidad de experimentar lo inesperado y a personas dispuestas a ser influenciadas le ayuda a recobrar energía y restaurar tu optimismo.

Su Estilo de Percepción llamado Visión es la razón por la cual usted:

- le gusta sumergirse en la acción.

- disfruta de nuevos descubrimientos.

- crea nuevas oportunidades a partir de la experiencia cotidiana.

- desea ser reconocido por su capacidad para influir e impactar en eventos y personas.

- se desconecta y retira cuando su influencia no es apreciada.

- le complace ayudar a otros a correr riesgos para mejorar sus posibilidades de éxito.

- necesita el reconocimiento de su capacidad para lograr que las cosas sucedan.

Reflexión sobre la Automotivación

A continuación, presentamos algunos ejemplos que lo ayudarán a reconocer cómo se refleja su Estilo de Percepción llamado Visión en la forma como enfoca la automotivación:

- Describa la última vez que estaba realmente entusiasmado por hacer algo.

- ¿Qué parte de la situación anticipó más?

- ¿Cuál fue el aspecto más agradable del evento en sí?

- ¿Cómo se correlaciona la experiencia que describió con los atributos y habilidades enumerados en la sección titulada *Automotivación*?

Interacción Social:
entornos y situaciones preferidas

La interacción social describe a dos o más personas que establecen conexión mediante conversación. Puede ser tan corto y directo como decir "Hola" a alguien en la línea de pago y recibir una respuesta del mismo modo, o también puede ser tan complejo como una reunión de las Naciones Unidas.

La ciencia ha demostrado que la interacción social es de vital importancia para su salud mental y física. Los estudios han señalado que las personas que tienen relaciones satisfactorias con los demás (familiares, amistades, compañeros de trabajo, etc.) son más felices y saludables, mientras que aquellas con ausencia de interacción social, tienen una vida más corta. ¡uyy!

La interacción social es obviamente esencial en su vida. Lo que también es interesante es que prosperará en algunas situaciones sociales y entornos, pero será miserable en otras debido a su Estilo de Percepción.

Con el **Estilo de Percepción** llamado **Visión**, prefiere entornos estimulantes y de ritmo rápido.

Disfruta de reuniones sociales donde existen múltiples oportunidades para conversar y la posibilidad de influir o inspirar a otros con sus ideas y experiencias.

Es más productivo en entornos que presenten nuevas oportunidades, eventos inesperados y la posibilidad de tomar decisiones intuitivas de alto impacto.

Le agrada conocer personas nuevas y encuentra que la conversación casual es sencilla, aunque se retira rápidamente cuando su intuición le alerta de que la persona no será de su interés a largo plazo.

Prefiere entornos de trabajo orientados hacia el futuro en los que se sienta inspirado a actuar con urgencia.

Prospera en entornos caóticos, libres y que requieren su capacidad para interactuar estratégicamente con otros.

Se siente cómodo en entornos formales, pero los encuentra aburridores después de un tiempo.

Disfruta de reuniones para compartir una comida o participar en una actividad. Está dispuesto a probar cosas nuevas, y piensa que la diversión está en la acción.

Encuentra tediosos los entornos que están llenos de reglas o son lentos en su desarrollo.

Su Estilo de Percepción llamado Visión es la razón por la cual usted:

- disfruta de situaciones que ofrecen altos niveles de estimulación y cambio.

- busca oportunidades para experimentar con diferentes direcciones.

- evita situaciones que requieran acción metódica y precisa.

- prefiere situaciones sociales que giren en torno a una actividad.

- disfruta conocer a nuevas personas.

- prospera cuando se involucra en desafíos y resolución de problemas.

- es escéptico con respecto a reglas estrictas y detalles excesivos.

Reflexión sobre la Interacción Social

A continuación, presentamos algunos ejemplos que lo ayudarán a reconocer cómo se refleja su Estilo de Percepción llamado Visión en la forma como enfoca la interacción social:

- Haga una lista de algunas de las cosas que le gusta hacer en compañía de otros.

- ¿De los atributos descritos en la sección titulada *Interacción Social*, cuales son comunes dentro la lista que creó anteriormente?

- Describa una situación en la que se haya sentido aburrido por reglas impuestas externamente, repetición o rutina. ¿Qué hizo para 'avanzar'?

Orientación del Tiempo: perspectiva sobre el pasado, presente y futuro

La orientación del tiempo describe, cómo sus pensamientos, sentimientos y comportamientos, están influenciados por su perspectiva del tiempo.

La orientación del tiempo proporciona un marco para organizar sus experiencias en tres categorías: pasado, presente y futuro, y determinar el énfasis relativo que pone en cada una de estas categorías del tiempo.

Debido a su Estilo de Percepción, usted tiene una perspectiva específica sobre cómo se relaciona con el pasado, presente y futuro.

La orientación del tiempo es un factor importante en las diferencias de opinión entre usted y otras personas sobre lo que es importante. Esta no es obvia, pero influye profundamente en sus valores y sus decisiones sobre lo que debe ser atendido.

Inclinarse hacia una categoría del tiempo, no significa que esté atrapado allí. Es simplemente el marco de referencia con el que comienza.

Por ejemplo, algunos Estilos de Percepción se inclinan hacia el pasado (valoran las lecciones aprendidas, la experiencia y las tradiciones). Unos se inclinan hacia el presente (lo que está sucediendo ahora). Y otros se inclinan hacia el futuro (lo que debería suceder y lo que podría ser posible).

Con el Estilo de Percepción llamado Visión, disfruta del futuro.

Orientación del tiempo:

Sabe que, en el futuro, las imágenes que visualiza se harán realidad. Todo será mejor y más brillante.

Experimenta el presente como una pista de lo que depara el futuro y como un lugar donde tomar medidas para que el futuro se desarrolle según su visión.

Es escéptico con respecto a las limitaciones presentadas por el presente o a las reglas validadas por el pasado porque sabe que todo es posible en el futuro si así lo desea.

Tiene una alta preferencia por la acción en este momento; el futuro se acerca rápidamente y hay muchas oportunidades por explorar. Esperar puede cerrar puertas.

Para usted el pasado describe un resultado único de lo que fue una miríada de posibilidades.

El pasado solo tiene relevancia para usted en la medida en que pueda ser utilizado para demostrar su visión del futuro.

Su **Estilo de Percepción** llamado **Visión** es la razón por la cual usted:

- intuye la dirección futura de los eventos.

- posee una percepción aguda de lo que podría ser.

- anticipa e instintivamente hace provisiones para el futuro antes de que se desarrolle una dirección clara.

- comparte premoniciones sobre el futuro.

- guía sus acciones con imágenes del futuro.

- utiliza el presente como una oportunidad para avanzar hacia el futuro.

Reflexión sobre la Orientación del Tiempo

A continuación, presentamos algunos ejemplos que lo ayudarán a reconocer cómo se refleja su Estilo de Percepción *llamado* Visión *en la forma como enfoca su Orientación del tiempo:*

- ¿Qué encuentra más intrigante del futuro? ¿Cómo se correlaciona eso con los atributos descritos en la sección titulada *Orientación del Tiempo*?

- ¿Cómo reacciona cuando alguien le dice, *'es la forma en que siempre lo hemos hecho'*? ¿Qué atributos de la sección titulada *Orientación del Tiempo* contribuyen a esa reacción?

Aspectos destacados de cada uno de los seis Estilos de Percepción

Ahora que ha descubierto más sobre su Estilo de Percepción, tomemos unos momentos para ver los seis Estilos de Percepción y cómo se relacionan entre sí.

Los seis Estilos de Percepción proporcionan experiencias claramente diferentes del mundo.

Estas diferencias, demuestran una profunda diversidad psicológica y perceptiva que es la diversidad más esencial que existe. Ayuda a explicar las diferencias en la forma que las personas piensan y actúan.

Los seis Estilos de Percepción describen la gama completa de la realidad perceptiva.

Todo el mundo tiene un Estilo de Percepción que es innato e inmutable. Su Estilo de Percepción está integrado en su ser y crece con usted a medida que se envejece y desarrolla.

Las experiencias a lo largo de su vida influyen en su expresión del Estilo de Percepción, pero no lo cambian.

Estudios científicos confirman que los seis Estilos de Percepción se distribuyen uniformemente en la población general, y no hay diferencia con respecto al género, raza o cultura.

Los seis Estilos de Percepción tienen fortalezas y desafíos únicos. Veamos algunos aspectos destacados de cada estilo:

- **Actividad** – Las personas con el Estilo de Percepción llamado **Actividad** se lanzan a la vida de cuerpo entero. Se involucran plenamente con la confianza de que los detalles se resolverán por sí mismos.

  La dirección, ideas y actividades surgen como resultado de la acción constante y la participación con los demás y su entorno.

  Permanecen involucrados hasta que surge alguna nueva posibilidad o interés que capte su atención.

  Cultivan extensas redes de amigos y asociados.

  Comparten sus experiencias usando muchas historias, anécdotas y ejemplos.

- **Ajustes** – Las personas con el Estilo de Percepción llamado **Ajustes** ven el mundo como una realidad objetiva que se puede conocer si se toman el tiempo para recopilar información completa sobre sus complejidades y complicaciones.

  Se dedican a la adquisición y aplicación de conocimientos como base para su experiencia de vida.

  Disfrutan compartiendo sus conocimientos con otros y obteniendo nueva información de investigaciones o conversaciones.

  Ven una realidad objetiva, incluyendo complejidad y los efectos dominó.

  Son comunicadores cuidadosos y competentes que utilizan eficazmente los matices, el ingenio irónico y la precisión en el lenguaje.

  Tienen un fuerte sentido de la diplomacia y proyectan una certeza tranquilizante.

- **Fluido** – Las personas con el Estilo de Percepción llamado **Fluido** ven un mundo ricamente texturizado donde las piezas encajan y apoyan y dependen unas de otras.

Ven la compleja conectividad, aparentemente no relacionada, entre personas, entornos y situaciones.

Desarrollan y mantienen relaciones con gente poderosa a quien tratan con un toque personal para crear y mantener unidas comunidades de familia, amistades, compañeros de trabajo, organizaciones, etc.

Valoran la historia y la tradición y honran la continuidad entre el pasado, el presente y el futuro.

Se conectan fácilmente con otros resaltando los puntos en común y compartiendo ideas.

Confían en el flujo continuo de experiencias y creen que lo que es importante y necesario surgirá tarde o temprano.

- **Metas** – Las personas con el **Estilo de Percepción** llamado **Metas** ven un mundo en el que las posibilidades se combinan con hechos para crear objetivos que alcanzar, problemas por resolver y ventajas a aprovechar.

Poseen un sentido de urgencia y claridad de propósito.

Se pasan la vida enfocados en el logro de resultados específicos y objetivos bien definidos.

Evalúan todas las actividades basándose en su posible contribución hacia el logro del resultado esperado.

Son comunicadores fuertes y seguros que hablan con claridad y fuerza de opinión.

Son decisivos y expertos en mantener estructura en situaciones caóticas.

- **Métodos** – Las personas con el **Estilo de Percepción** llamado **Métodos** perciben un mundo sensible, lógico y fáctico, y su enfoque es racional y práctico.

Se enfocan en cómo se deben hacer las cosas y disciernen la mejor forma de hacerlo.

Saben que incluso la tarea más compleja siempre se puede dividir en una secuencia de pasos simples.

Creen que los hechos, cuando se presentan adecuadamente, hablarán por sí mismos.

Toman a las personas tal cual parezcan. Dicen lo que quieren decir y quieren decir lo que dicen y esperan que otros hagan lo mismo.

Su capacidad para ver la estructura e imponer el orden les permite ayudar a otros a funcionar frente al caos y la incertidumbre.

- **Visión** – Las personas con el **Estilo de Percepción** llamado **Visión** perciben el mundo como un lugar de infinitas posibilidades, lleno de opciones y oportunidades.

Buscan oportunidades donde puedan tener un impacto, marcar la diferencia y dejar su huella.

Se enfrentan a las realidades de una situación con serias intenciones, una perspectiva optimista que se encontrará una solución y la confianza en que siempre existe otras alternativas por explorar.

Dependen de su intuición y toman decisiones rápidamente basándose en la información disponible.

Funcionan bien con información incompleta y parcial y no necesitan todos los detalles para establecer un curso y participar en la acción.

Son altamente persuasivos y fácilmente convencen e inspiran a otros a unirse a ellos.

Interacción entre Estilos de Percepción

¿Alguna vez ha escuchado a alguien decir: "Los opuestos se atraen" o "Los pájaros de una bandada de plumas se agrupan"?

Definitivamente hay algo de verdad en ambos dichos.

Pero también es cierto que los opuestos se repelen, y los pájaros de un mismo plumaje se aburren entre sí.

El Estilo de Percepción ayuda a explicar dinámicas interpersonales como la atracción y la aversión.

Lo que ve es real para usted, pero lo que otros ven es real para ellos. Todos usamos el filtro de la percepción para darnos sentido a nosotros mismos.

Existe una relación teórica bien definida entre los seis Estilos de Percepción.

Si pensamos en la realidad perceptiva como un gran círculo, entonces cada Estilo de Percepción tiene su propia "porción del pastel", como se muestra en la tabla a continuación.

Relación entre Estilos de Percepción

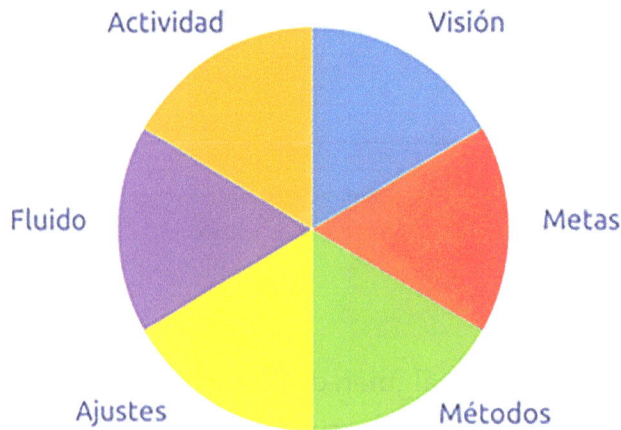

Actividad   **Visión**

Fluido   **Metas**

Ajustes   **Métodos**

Notas del gráfico circular:

- No hay parte superior o inferior en el gráfico, puede girarlo de la manera que desee, pero los estilos siempre permanecen en las mismas relaciones.

- Los colores no tienen ningún significado, aparte de hacer que el gráfico se vea bonito.

Cada Estilo de Percepción tiene un Opuesto directo, dos Vecinos (uno a cada lado) y dos Saltando Uno (ni un Vecino ni un Opuesto). Aunque los seis son psicológicamente únicos, cada Estilo de Percepción comparte algunas similitudes con los estilos vecinos.

Cada estilo también es atraído y repelido por su estilo opuesto, y cada uno encuentra los estilos en que hay que saltarse uno para tocarlo algo desconcertantes.

Entonces, ¿Qué le significa esto cuando interactúa con otras personas?

Como era de esperar, su Estilo de Percepción llamado Visión es el núcleo de su experiencia con los demás.

A continuación, algunos aspectos destacados de lo que puede esperar cuando está interactuando con cada Estilo de Percepción:

- **Visión** con **Actividad** (Vecinos) – Usted se sentirá atraído por su entusiasmo, su curiosidad y su capacidad para establecer fácilmente una conexión con los demás.

  Ellos se sentirán atraídos por su intuición, su disposición para tomar acción y explorar nuevas ideas, y su capacidad para priorizar.

  Usted se sentirá frustrado por lo que percibe como su falta de enfoque, sus constantes anécdotas y su necesidad de estar en el centro de las cosas.

  Ellos se sentirán frustrados por lo que perciben como su necesidad de siempre tener la razón, su falta de disposición para frenar y escuchar, y sus frecuentes cambios ad hoc en dirección.

- **Visión** con **Ajustes** (Opuestos) – Usted se sentirá atraído por su diplomacia, su conocimiento basado en datos y su confiabilidad.

  Ellos se sentirán atraídos por su capacidad para tomar decisiones rápidas, su comprensión fácil de los problemas claves y su autoconfianza.

  Usted se sentirá frustrado por lo que percibe como su falta de voluntad a aceptar el cambio, su falta de sentido de urgencia y falta de voluntad para especular sobre posibilidades futuras.

  Ellos se sentirán frustrados por lo que perciben como su falta de voluntad para tomar decisiones y actuar sin información completa, su aburrimiento con detalles importantes y su tendencia a tomar riesgos insensatos.

- **Visión** con **Fluido** (Saltando Uno) – Usted se sentirá atraído por su habilidad para convertir la relación con gente recién conocida en amistades a largo plazo, su capacidad para construir y honrar la comunidad, y su capacidad para responder sin juzgar a los demás.

  Ellos se sentirán atraídos por su capacidad para manejar un gran número de responsabilidades simultáneamente, su audacia en el pensamiento y la acción, y su calma en situaciones de emergencia, crisis o sorpresa.

Usted se sentirá frustrado por lo que percibe como su falta de voluntad para avanzar hacia el futuro, su reluctancia a tomar juicios o decisiones, y su excesiva importancia en la cooperación y la armonía.

Ellos se sentirán frustrados por lo que perciben como su manipulación de los demás en su propio beneficio, sus tratos superficiales con las personas y las emociones, y su desprecio por la tradición y el ritual.

- **Visión** con **Metas** (Vecinos) – Usted se sentirá atraído por su perseverancia incansable, su disposición para respaldar decisiones con acción y su capacidad para distinguir lo que es importante de lo que no lo es.

  Ellos se sentirán atraídos por su enfoque estratégico, su iniciativa y su gusto por correr riesgos.

  Usted se sentirá frustrado por lo que percibe como su incapacidad para considerar enfoques alternativos, su constante necesidad de confrontación y debate, y su necesidad de dominar en todas las situaciones.

  Ellos se sentirán frustrados por lo que perciben como su desdén por ganar a toda costa, su preferencia por influir en lugar de controlar y sus frecuentes cambios ad hoc.

- **Visión** con **Métodos** (Saltando Uno) – Usted se sentirá atraído por su uso de la lógica para liderar a las personas y atraer seguidores, su capacidad para tomar decisiones objetivamente después de revisar la información disponible y su seguimiento de los planes establecidos.

  Ellos se sentirán atraídos por su objetividad inicial, su capacidad para tratar los errores honestos como experiencias de aprendizaje y la facilidad con la que influye y persuade a los demás.

  Usted se sentirá frustrado por lo que percibe como su enfoque en el proceso en lugar de los resultados, su negativa a abandonar procedimientos obsoletos y su estilo objetivo, frío y literal de comunicación.

Ellos se sentirán frustrados por lo que perciben como su aceptación de soluciones expeditas y prácticas en lugar de las "correctas y apropiadas", su actitud despectiva hacia los hechos que no le gustan y su constante necesidad de revisitar, alterar y modificar reglas y planes establecidos.

- **Visión** con **Visión** (Espíritu Afín) – Experimentarán un vínculo casi instantáneo, ya que se relacionarán rápidamente sin necesidad de explicación.

  Se encontrarán asintiendo en acuerdo e incluso terminando las frases del otro. Puede ser una experiencia emocionante.

  El vínculo que experimentarán con alguien que comparte el mismo Estilo de Percepción puede ser tan fuerte que les llevará más tiempo reconocer las diferencias entre ustedes.

  Pero en algún momento, se sentirán frustrados y sorprendidos cuando las diferencias amenacen la conexión aparentemente sin esfuerzo. Las experiencias de vida individuales crean las diferencias que cada uno de ustedes expresa en su Estilo de Percepción.

Todos somos amalgamas de nuestras experiencias de vida, Estilo de Percepción y específicos rasgos de personalidad.

La clave para entender las diferencias que usted encuentre con alguien que comparta su Estilo de Percepción es comprender que estas son expresiones individuales basadas en la experiencia de vida de cada uno y no son una traición personal.

Cuanto más se entienda a sí mismo, más entenderá sobre cómo y por qué se difiere de los demás. Se sentirá cómodo disfrutando de lo que hace mejor, aceptando a los demás por sus diferencias y valorando lo que esas diferencias contribuyen a su mundo.

¡Comencemos la Celebración!

Bueno, es hora de ir más allá del factor "y qué". Mejor dicho, "Todo esto es muy interesante, pero ¿y qué?"

Ir más allá del factor "y qué" es un desafío que requiere que usted haga más que simplemente leer la descripción de su Estilo de Percepción.

Aun cuando se hubiera identificado un 100% con las habilidades y comportamientos naturales de su Estilo de Percepción, si simplemente lo guarda en el archivo titulado "Lo volveré a ver algún día", no obtendrá el beneficio de usar y aumentar sus habilidades naturales.

Su Estilo de Percepción y Your Talent Advantage (La Ventaja que Aporta su Talento) son más que un simple ejercicio intelectual e incorporar sus habilidades naturales en su vida requiere un poco de trabajo de su parte.

¡Su Estilo de Percepción es real!

Su Estilo de Percepción no es solo un concepto psicológico entretenido, sino una parte fundamental de lo que es.

Ya sea que esté consciente de ello o no, su Estilo de Percepción impacta su vida a diario.

Hasta ahora, es posible que haya pasado por su vida cotidiana con poca o ninguna conciencia de su Estilo de Percepción. El desafío está en utilizar activamente el nuevo conocimiento que ha adquirido para empezar a hacer más de lo que mejor sabe hacer.

Usar la información de esta guía de acción para comprender su Estilo de Percepción es solo el primer paso.

El segundo paso es aceptar su Estilo de Percepción como parte de lo que es.

El tercer paso es aceptar su Estilo de Percepción haciendo un esfuerzo consciente para explorar las diferentes formas en que se puede expresar en su vida y descubrir los matices sutiles de las ventajas que tiene gracias a sus habilidades naturales.

Veamos cada paso con un poco más de detalle.

Primer paso: Comprensión

El primer paso para aceptar quién es requiere entender su Estilo de Percepción y cómo se adapta a usted.

Es posible que todo lo descrito en esta guía de acción no le aplique en un 100%.

Debido a experiencias a lo largo de su vida, hay cosas que lo diferencian de otros.

Esta guía de acción ha sido diseñada para ayudarle no solo a aprender sobre su Estilo de Percepción, sino también para ayudarle a descubrir aquellos aspectos de la forma cómo los expresa que hacen de usted, una persona única.

Tómese el tiempo necesario para completar los ejercicios de reflexión, incluidos al final de cada sección de esta guía de acción. Le ayudarán a identificar su forma de expresar su Estilo de Percepción como parte de su comportamiento diario y así permitiéndole personalizar la información presentada.

Segundo paso: Aceptación

Una cosa es entender su Estilo de Percepción, pero otra muy distinta es aceptar plenamente lo que esto implica.

Cuando aprende por primera vez sobre su Estilo de Percepción, es emocionante a medida que se identifica con las habilidades, fortalezas y comportamientos que son naturales para usted.

Hay un tremendo poder en la validación personal que proporciona la experiencia de aprender su Estilo de Percepción. Muchos lo han descrito como la primera vez que se sienten verdaderamente comprendidos.

Entender que algo que usted siempre pensó cualquier persona seria capaz de hacer es en realidad una habilidad solamente suya es algo verdaderamente gratificante.

Pero, así como su Estilo de Percepción apoya una amplia gama de habilidades y comportamientos, cada uno de los otros 5 Estilos de Percepción también apoya su propio conjunto único de habilidades y comportamientos.

Es un hecho de la vida que nadie tiene la capacidad de dominar todas las habilidades que pertenecen a otros Estilos de Percepción. Simplemente estamos siendo fácticos, ya que hay límites a lo que cualquiera de nosotros puede dominar fuera de nuestro propio repertorio natural. Así somos los seres humanos.

No hay porqué entrar en pánico. A nivel conceptual, su primera reacción será que la noción de no poder dominar todo se siente muy limitante e incómoda. Después de todo, ¿no nos han dicho a todos una y otra vez que "puede lograr cualquier cosa que se proponga"?

Claro está que hay mucha verdad en esa afirmación, pero también hay un gran precio. Cuando se proponga a dominar habilidades que no están en su repertorio natural, podrá llegar a ser muy competente en ellas. Sin embargo, debido a que no son naturales para usted, lo desgastarán más rápido y le impedirán aprovechar toda la gama de sus fortalezas naturales.

Si está enfocado en adquirir habilidades asociadas con otros Estilos de Percepción, algunas de sus habilidades naturales se desvanecerán en el fondo y permanecerán inactivas.

Descubrirá muchas cosas por ahí que no querrá dominar de todos modos y encontrará un alivio al descubrir que esas cosas son habilidades naturales para otra persona, y no tendrá que hacerlas usted.

Por lo tanto, aceptar plenamente su Estilo de Percepción significa reclamar su capacidad natural y reconocer que hay habilidades y comportamientos para los cuales no tiene potencial innato.

Tercer paso: ¡Celebración!

La celebración se refiere al sentirse bien acerca de quién es y dónde encaja en el mundo. Es usar conscientemente sus habilidades naturales y perfeccionarlas hasta convertirlas en fortalezas.

Significa entender que no todo el mundo ve el mundo como usted, y eso está bien.

Es sentirse cómodo de que no puede hacerlo todo y aliviado de no tener que hacerlo.

Es aceptar cumplidos por lo que hace bien y reconocer la autosatisfacción al emplear sus habilidades naturales.

Es dejar de lado la necesidad de convencer a todos de que sean como usted y aceptarlos por lo que son. Porque si no fueran diferentes, usted no pudiera brillar tan intensamente gracias a sus fortalezas únicas.

Es explorar toda la gama y profundidad de su potencial natural.

¡Es hacer más de lo que mejor sabe hacer!

Tiene habilidades para las cuales posee un potencial innato que están esperando ser utilizadas.

¡Estas habilidades son fáciles para usted porque reflejan aspectos de quién fundamentalmente es! Claro, pueden requerir un poco de desarrollo, pero encontrará que los esfuerzos utilizados usando sus talentos naturales son productivos, significativos y gratificantes.

El Poder de su Percepción le permite elegir conscientemente hacer más de lo que mejor sabe hacer.

Use esta guía de acción para ayudarle a identificar lo que hace bien, realmente disfruta y sobre lo que otros a menudo le felicitan. ¡Entonces busque oportunidades para hacer esas cosas más a menudo!

El Poder de su Percepción le ayudará a explorar los aspectos únicos de sus talentos y dones permitiéndole llenar su vida con actividades y personas que le brinden alegría y satisfacción.

La vida es demasiado corta para no disfrutarla plenamente y lograr el éxito que se merece.

Sobre los Autores

Lynda-Ross Vega Lynda-Ross Vega ha estado fascinada, desde que era niña, con entender que hace funcionar a la gente. Su curiosidad por la diversidad humana y las formas de lograr que las personas se desempeñen en la forma más productiva la llevó a una carrera multifacética en las áreas de banca, tecnología y consultoría conductual.

Entre los cargos que ha desempeñado están incluidos: Ejecutiva de alto nivel, Empresaria, Propietaria de negocios, Consultora, Asesora Ejecutiva, Coach, Hija, Hermana, Esposa, Madrastra y Abuela.

Lynda-Ross es una experta en aprovechar el poder de la percepción para ayudar a las personas y organizaciones a implementar cambios, potenciar la colaboración y desarrollar el talento.

Lynda-Ross es una ávida lectora, entusiasta cocinera y fanática de la música. Le gusta caminar con su setter irlandés Kinsey, hacer ejercicio en su estudio local de barre, pasear con amistades y familia y disfrutar de vacaciones en los parques y en la playa.

Ella y su esposo, Ricardo, se retiraron de sus trabajos corporativos en 1994, formaron su propia empresa y todavía siguen viento en popa. En su tiempo libre, disfrutan pasando el tiempo con familiares y amistades, viendo fútbol de la Premier League (en realidad, casi cualquier nivel de fútbol), viajando, escuchando música, leyendo sobre la historia y presenciando obras de teatro en vivo.

Puede conectarse con Lynda-Ross en:
Website: https://thepowerofyourperception.com/portada
Linked In: linkedin.com/in/lyndarossvega
Instagram: https://www.instagram.com/lyndarossvega/
Facebook: https://www.facebook.com/descubraelpoderdesupercepción

Gary Jordan, PhD, posee más de 40 años de experiencia en psicología clínica, evaluaciones de comportamiento, desarrollo individual y coaching. Obtuvo su doctorado en psicología clínica del Colegio de Psicología Profesional parte de la Universidad de California-Berkeley en 1980.

Aunque siempre estuvo fascinado por las teorías de "tipos" y "estilos", Gary no encontró que ninguna de estas teorías integrara la experiencia interna con el comportamiento observable. Empezó a desarrollar una teoría práctica, útil y fiable una vez que presentó su tesis doctoral y continuando a lo largo de sus años de practica privada.

Gary es un experto en ayudar a las personas a entenderse a sí mismas y usar esos conocimientos para alinear sus acciones con su potencial natural.

Entre sus muchos pasatiempos e intereses, Gary es un instructor en Shaolin Kenpo que posee un cinturón negro en esa disciplina. Gary y su esposa Marcia, se conocieron cuando ella se inscribió en una de sus clases. Ellos disfrutan coordinando en trabajos paisajistas en su jardín, diseño de interiores y proyectos con muebles.

Puede conectarse con Gary en:

Website: https://thepowerofyourperception.com/portada

Linked In: https://www.linkedin.com/in/gary-jordan-ph-d-4475b011/

Facebook: https://www.facebook.com/descubraelpoderdesupercepción

Notas

Notas